Jean Pierre Penderekoli

Le Journal d'un écrivain

Jean Pierre Penderekoli

Le Journal d'un écrivain

Éditions Muse

Imprint
Any brand names and product names mentioned in this book are subject to trademark, brand or patent protection and are trademarks or registered trademarks of their respective holders. The use of brand names, product names, common names, trade names, product descriptions etc. even without a particular marking in this work is in no way to be construed to mean that such names may be regarded as unrestricted in respect of trademark and brand protection legislation and could thus be used by anyone.

Cover image: www.ingimage.com

Publisher:
Éditions Muse
is a trademark of
Dodo Books Indian Ocean Ltd. and OmniScriptum S.R.L publishing group

120 High Road, East Finchley, London, N2 9ED, United Kingdom
Str. Armeneasca 28/1, office 1, Chisinau MD-2012, Republic of Moldova, Europe
Printed at: see last page
ISBN: 978-620-4-96368-6

LE JOURNAL D'UN liseur

Une scolarisation difficile

Jean-Pierre PENDEREKOLI, 67 ans, vocation tardive d'écrivain ? Je ne sais pas. Tardive, bien sûr, mais tant d'autres à cet âge en Afrique sont finis. Tout ce qui leur reste, c'est de manger et de boire les superflus des autres s'estimant attendre leur dernier jour, rien que cela et pas d'autres.

Les conditions de réussites étant très difficiles en Afrique noire en ces temps-là, mieux vaut tard que jamais. Autour des années 50 à 70, en Oubangui Chari, les pistes rurales qui relient les quelques villes trop distantes les unes des autres, sont mal entretenues, et dégradées en permanence ; les passages des véhicules dans les villages étant très rares et les écoles ne se trouvant que dans les villes, le chemin de l'école était noir et celui de la brousse nettement clair. La brousse nourrit et fait vivre. L'école, c'est des errements sur des sentiers dangereux à cause de Gon la panthère, de Mballa l'éléphant, de chasseurs d'hommes qui parcourent les brousses en tous sens.

Les quelques rares écoliers, qui se sacrifient, voient la souffrance dans toutes ses couleurs et ne tardent pas à déserter tant leur corvée n'est pas prête à s'essouffler pour leur permettre quelque bon air à respirer tant les retombées de l'école sont incertaines.

Sarkouala, Kambalégué, Mbokoudou, Ouaoua- sont les principaux villages de la région. Ayant respectivement pour chefs : Kambalégué dont le village porte le nom ; Mbokoudou qui a pour chef, Yakoro ; Ouaoua, Mangolima ; Sarkoala faisant partie de Mbokoudou.

Ces trois chefs régnaient respectivement sur ces groupes d'hommes soumis à la même culture donc aux mêmes lois et vivant des mêmes activités : petites cultures, chasse, pêche et des cueillettes dans un espace riche et varié des dons de la nature. Les gens vivaient dans la hantise des mânes des ancêtres qui se vengeaient sur eux si elles se voyaient négligés. Chaque fin d'année donne lieu à des fêtes appelées fêtes de conciliation et d'offrandes des prémices à ces parents disparus dont on pense qu'ils vivent encore dans l'au-delà.

Le Blanc est déjà arrivé et les transformations des mœurs et d'esprit étaient enclenchées dont les constructions des routes, des écoles, des hôpitaux et déjà l'usage de la monnaie dans les échanges. Le mot d'ordre maintenant, c'est les rassemblements par villages et villes.

En ce temps, le noir ne s'est pas encore départi suffisamment de la nature. La nuit n'est réservée qu'aux mauvais esprits et aux sorciers qui sont de connivence avec ces forces du mal et qui errent aux alentours des villages pour hanter et assaillir les vivants dans leurs rêves. Un sorcier peut prendre d'un homme un organe sans faire de blessure ou lui incorporer un corps étranger pour le rendre malade. Cette chirurgie sans cicatrice aurait dû être développée, hélas ! Il n'en est rien.

Donc sorcier et guérisseur sont en collusion : L'un rend malade et l'autre guérit. Le prix du traitement est partagé entre les deux complices. Chacun des deux maîtrise bien son art. Des arbres géants, des creux des rochers, des cascades d'eau sont les habitats d'esprits méchants. C'était donc la naissance d'espèces de religions appelées animismes.

C'est ainsi qu'après avoir vécu assez, le vieux écrivain peut maintenant revoir ses notes dans lesquels beaucoup de ses lecteurs risquent de se retrouver eux-aussi en tant qu'humains partageant presque les mêmes sorts. L'écrivain a pour rôle de faire des récits inspirés par la réalité des drames et des réussites quotidiens ayant de profondes significations de la vie à donner aux hommes.

Une société rustique

Et de commencer par le genre de société dans laquelle il est né et a grandi. Un village de la Brousse. Sarkoala. 60 km de Fort Sibut, axe Bangui. Une vingtaine de cases et une trentaine d'habitants. Principales activités : Agriculture de subsistance, chasse, pêche et cueillettes. Les grandes personnes ou les vieux se fréquentent. Les jeunes, les plus perspicaces leur prêtent attention et entendent leurs conversations.

7

Un jour, une bagarre éclate entre Bagaza et sa femme Nanou. Des frappes, des cris, des menaces et des injures. Nanou qualifie Bagaza de (kpassakara), ce qui signifie « celui dont le prépuce n'est pas coupé ou l'incirconcis. Chez les Mandja de la Kémo, se faire qualifier d'incirconcis, c'est se faire ramener au plus bas des plus bas. C'est se faire enlever toute valeur d'homme. Entre homme et homme, cet injure entrainerait certainement un conflit armé et ferait des victimes.

Et voilà qu'Issa vient chez Penderekoa. En tant que vieux initiés, leurs sujets de conversation tournent autour de l'injure de Nanou.

-Issa, je ne comprends pas les femmes. Qualifier un mari de kpassakara, à notre temps pourrait entrainer une réaction violente de la part du mari.

-Les femmes ? Une fois en colère laissent souvent libre-cour à leurs émotions. Depuis qu'ils sont ensemble, ne se sont-ils pas vu leur nudité ? Pourquoi aujourd'hui frustrer à l'extrême son mari avec ce genre d'abjection ? Alors que cet organe fait plaisir aux deux partenaires et perpétue la vie.

-En général, les femmes, vu leur faiblesse, se vengent par des mots. Les mots font mal autant que la chicotte d'où leurs acharnement par des mots pour accabler d'injures leurs victimes. Seulement, à parler des femmes, il n'y a pas de fin.

9

Autres aspects de la vie de la brousse. Les activités champêtres. Chaque matin, c'est l'affaire de chaque famille. Le père avec quelques outils sur l'épaule prend les devants sur des sentiers sinueux de la brousse, les enfants derrière lui, la femme ferme la marche. Toutes les familles se dispersent dans les brousses, dans les champs. Il faut délimiter une parcelle de terre et se mettre au travail. Frapper la terre avec sa houe pour enlever la broussaille à la racine, couper des hautes herbes, les entasser, les faire sécher et afin les brûler. Ce brûlis prépare la terre aux prochaines semailles dès les premières pluies. Les nourritures sont ainsi tirées de la terre à l'état brute, je dirais à l'état naturel sous l'effet de la décomposition des biomasses. Jusqu'à dans les années 35, les maladies des sociétés industrielles et monétaires- diabète, tension artérielle, cancers- étaient rares en Oubangui-Chari.

Prélude irréversible au bouleversement

L'arrivée de l'homme blanc avec sa culture a ébranlé le monde noir. Le goût du sucre et du café ; le pain, le lait raffiné, la viande cuite dans de l'huile avec de l'oignon sont autant de nouveautés dans l'alimentation de l'indigène. Or, pour avoir ces nourritures, il faut de l'argent qu'il est très difficile à gagner.

Les gens vivent maintenant dans la fièvre de l'argent qui se trouve dans les poches de grandes personnes et qu'il faut les braquer pour prendre. Les vols à mains armées, les prostitutions d'ailleurs inconnues sont apparues. La vie humaine n'a plus d'importance. S'il faut tuer pour gagner de l'argent, on n'hésite pas. On comprend maintenant que l'homme a évolué sur le plan matériel et non moral. Les Pharaons n'ont pas vu les avions, les montres, les téléphones portables...Ils avaient quand même le sens de la justice et nourrissaient leurs prisonniers de guerre. Napoléon a laissé mourir de faim Toussaint Louverture, le leader haïtien de la révolution parce que celui-ci a osé lui écrire une lettre qui commença par ces mots : «*Du premier des noirs au premier des français* »...

Un nègre et encore un descendant d'esclave a osé lever le petit doigt pour se faire l'égal d'un empereur et blanc en même temps. Ce fut inadmissible à cette époque.

La liberté se gagne donc par la force. Depuis que les américains ont acquis leur indépendance par les armes en 1776, le joug britannique a été brisé et ils sont libres jusqu'à présent. On apprend toujours de l'histoire à partir des littératures, des politiques et des sciences.

La littérature est un art indispensable à la vie humaine autant que les conditions matérielles comme l'habillement, la nourriture et le logement. L'homme peut se débarrasser de ses contraintes matérielles de la nature mais s'il n'explore pas ses sentiments les plus obscures, il en souffre et risque de se trouver désaxé et désorienté. Les hommes se baignent de la littérature qui leur permet de se communiquer pour se comprendre afin de vivre ensemble. Les langues se développent donc grâce à la littérature pour permettre de faire les sciences et les techniques.

Une œuvre littéraire doit entrer dans les détails de la vie si elle veut être à même de donner de l'homme un portrait concret et vivant. Elle doit dépeindre de façon détaillée chaque épisode de la vie dont chacun correspond à une époque animée par des personnages réels ou fictifs dont les idées et les actes expriment des sentiments divers. C'est ainsi qu'une œuvre sera en mesure de dépeindre l'univers des êtres humains dans les rapports qu'ils s'entretiennent afin de se comprendre et de vivre ensemble.

Un écrivain ne doit pas négliger les moindres détails en les décrivant maladroitement, mais les décrire avec finesse tout en les orientant vers des objectifs réalistes pour le bonheur de la société dans laquelle les actes et les paroles sont recueillies.

En matière de littérature, certains écrivains sont qualifiés de classiques. Leurs œuvres sont restées des références. Retenons quatre noms et essayons de voir ce qui fait la particularité de leurs œuvres.

15

Quatre AUTEURS CLASSIQUES

OVIDE, LUCRECE, VIRGILE, HOMERE

Ces quatre auteurs et bien d'autres sont qualifiés de classiques c'est-à-dire qu'ils sont entrés dans l'histoire et que leurs œuvres traversent tous les âges et résistent aux critiques. Ils nous ont laissé des modèles en matière de littérature, de philosophie et des sciences. Nous allons tenter de les résumer brièvement et de les évaluer afin de voir leurs résistances aux critiques bien que beaucoup d'autres se sont déjà aventurés sur cette voie.

Ovide : *Les Métamorphoses.* Prenons le commentaire de Georges Lafaye sur ce travail :

Légende dorée, légende des siècles, bible ou génie du paganisme, voici une œuvre qui, en douze mille vers, compte deux cents trente et une histoires de métamorphoses ; elles remontent pour beaucoup à l'origine du monde. Ovide, dans ces poèmes, épiques et didactiques, nous a donné des origines à Jules César, un des grands textes sur la genèse de l'humanité.

La variété des styles, de l'horreur et du fantastique à l'élégie amoureuse enchante le lecteur autant que Les Mille et Une nuits. La grandeur de la Rome impériale de l'Empire d'Occident s'y reflète.

Est-il logique de prendre des légendes composées par un homme pour inspirées alors qu'elles ne le sont pas ? De quoi a parlé Ovide dans son livre ?

Voici encore un texte des *Métamorphoses* d'Ovide sur la création de l'homme :

Un animal plus noble, plus capable, d'une haute intelligence et digne de commander à tous les autres, manquait encore. L'homme naquit, soit que le créateur de toute choses, père d'un monde meilleur, l'ai formé d'un germe divin, soit que la terre récente séparée depuis peu des hautes régions de l'éther, retint encore les germes du ciel, restes de leur parenté, et que le fils de

Japet, l'ayant mêlée aux eaux d'un fleuve, l'ai modelée à tête basse, tous les autres animaux qui se dressent au-dessus ; il a voulu lui permettre de contempler le ciel, de lever ses regards et de les porter vers les astres. Ainsi, la terre qui naguère était grossière et informe, revêtit par cette métamorphose des figures d'hommes jusqu'alors inconnues.

La création de l'homme selon la bible chrétienne :

Puis, Dieu dit : « Faisons l'homme à notre image, selon notre ressemblance et qu'il domine sur les poissons de la mer, sur les oiseaux des cieux, sur les animaux domestiques et sur toute la terre, et sur les reptiles qui rampent sur la terre.

Quoi de plus clair par rapport aux velléités narratives et incohérentes d'Ovide. L'homme a été créé par des êtres surnaturels à leur image et ressemblance pour dominer le reste de la création. La vie ne viendrait que de ce monde qui échappe au contrôle de l'homme. La déclaration de faire l'homme impliquait deux personnes.

En Afrique, l'on qualifierait de contes merveilleux les *Métamorphoses* d'Ovide.

Les Métamorphoses sont l'une des sources principales de la littérature et des arts en Occident[1] [2].

Ovide n'est pas clair. Il perd ses lecteurs dans un labyrinthe de construction vide de sens. Qui devait être cet animal doué d'intelligence et capable de commander aux autres qui manquait et qui fut enfin supplée par l'homme. Le fils de Japet, c'est Atlas, fils de Zeus condamné par celui-ci à porter le globe terrestre. Tout est mythologie chez Ovide. Des poèmes ésotériques dont les personnages sont des dieux, des hommes et des animaux. Ovide

---

[2] Ovide, *Les Métamorphoses,* Ed. Gallimard, Paris, 1992 Commentaire au dos du livre.

certainement est un fabuliste. En dehors de la fonction éducative des fables, il n'y a rien d'extraordinaire en lui. En Afrique, on qualifierait de contes merveilleux les *Métamorphoses* d'Ovide.

La plupart des Anciens nous ont laissé des poèmes ésotériques.

Prenons un autre poème de *Les Métamorphoses* qui a l'allure d'un conte merveilleux :

A peine Borée, avait-il prononcé ces paroles, ou d'autres non moins superbes, qu'il secoue ses ailes ; de leurs battements nait un souffle qui se répand sur toute la terre et soulève la vaste étendue des mers ; trainant sur les sommets des montagnes son manteau poussiéreux, il balaie le sol ; caché par un nuage, il tient enfermer entre ses ailes fauves toute tremblante de crainte, Orithye sa bien-aimée[3].

Le merveilleux ici, c'est un souffle qui se répand sur toute la terre et soulève les étendues des mers, traine sur le sommet des montagnes un manteau poussiéreux...Merveilleux et fantastiques se relaient et se confondent dans ces textes.

Ces écrivains classiques croyaient aux dieux dont l'existence transcende à l'homme! Ce sera manquer de réalisme d'ignorer leur existence au nom du rationalisme. L'humilité exige qu'on continue de poser le problème des dieux et qu'on y réfléchisse par quelques faits

---

[3] Ovide, *Les Métamorphoses*, Ed. Gallimard, Paris, réédition, 1992, p. 216

de l'histoire. Considérons des récits plus vrais dont parle la bible dans les faits suivants :

Dans la bible, le serviteur du prophète Elisée ayant pris peur à cause du grand nombre de forces militaires syriennes à sa poursuite, le prophète le rassura en ces termes :

N'aie pas peur, car plus nombreux sont ceux qui sont avec nous que ceux qui sont avec eux.

De qui parle le prophète ? Des êtres surnaturels. Un humain ne peut chevaucher un cheval de feu et manier une épée flamboyante.

Ensuite Elisée pria et dit :

ô Jéhovah, ouvre ses yeux, s'il te plaît, pour qu'il voit. Aussitôt Jéhovah ouvrit les yeux du serviteur de sorte qu'il vit et voyez, la région montagneuse où ils se trouvaient était pleine de chevaux et de chars de feu autour d'Elisée.

Les auteurs de ces épisodes ne sont pas de simples humains. Ce sont des esprits qui montent des chevaux de feu et qui manient des épées flamboyantes. De simples fictions ? Non. Le monde des dieux existe bel et bien et cohabite avec celui des humains. On n'est pas esprit pour bien explorer et exploiter ce monde caché dont les habitants sont plus sublimes que nous et qui se dérobe à notre vigilance.

Derrière quelques histoires que jouent les humains se cache souvent un esprit. Les Juifs et les Egyptiens ! Les guerres qui ont opposé ces deux peuples, nous pouvons les inscrire dans le registre de guerres des dieux et qui prendront fin au temps fixé. Les victimes de ces guerres des dieux sont des humains souvent innocents.

Il est dit qu'on ne peut tirer le pur de l'impur. Pour JHVH le Dieu des Hébreux, cela est bien possible. Son peuple Israël est originaire de la ville d'Ur à Babylone, une ville souillée par le paganisme. C'est là que Dieu demanda à Abraham leur ancêtre de quitter sa ville natale Ur pour aller cohabiter avec les peuples de Canaan qu'il va bientôt détruire lorsque ses descendants vont croître en nombre pour acquérir de la force militaire. Les Juifs vont par la suite entrer en Egypte pour y séjourner pendant quatre cents ans. A un moment où ce pays était la puissance militaire dominante de la région. Les rois d'Égypte, les Pharaons menaient victorieusement les guerres d'Amon, le dieu suprême de leur panthéon.

Le pharaon Thoutmosis III ou Thoutmès III était plus proche de ce dieu Amon à qui il attribuait toutes ses victoires. Ce pharaon était surnommé « Thoutmosis ou l'Energie » à cause de sa grande force physique. A sa mort, après cinquante-quatre ans de règne, il entra dans le panthéon égyptien sous le nom du dieu Osiris ; le dieu des morts. Ses prêtres ont composé un hymne sur ses relations avec son dieu Amon qui semble montrer son soutien à ce roi :

« *Je suis venu et je t'ai permis de soumettre les princes de Zahi…* »

Le règne de ce roi était celui de la guerre, du sang et de la destruction. Le Dieu des Juifs avait fermé les yeux sur ces temps. Le moment venu, il réagira pour changer le cours de l'histoire. Ce débat est sans parti pris. Il est mené en toute indépendance sans prérequis d'aucune sorte pour que le lecteur puisse en tirer une conclusion personnelle.

Chaque peuple de l'Antiquité consultait son dieu avant tout grand décision. Jephté, un chef militaire Israélien a eu les discussions suivantes avec Ammon, le roi des *Ammonites avant*[4] un combat :

Et maintenant, c'est Jéhovah le Dieu d'Israël qui a dépossédé les Ammonites de devant son peuple Israël, et toi, tu voudrais le déposséder ? N'est-ce pas celui que ton dieu Kémosh *dépossède de devant toi que tu*

[4] Juges 11 : 23, 24

déposséderas ? Et tout homme que Jéhovah a dépossédé de devant nous, c'est lui que nous déposséderons[5].

Kémosh, dieu des Ammonites est opposé ici à Jéhovah, Dieu des hébreux. Avons-nous encore besoin de considérer les dieux comme des personnages du roman ? Ces peuples anciens croyaient-ils en un rien ? Pouvaient-ils mettre leur confiance dans du vide ? Des esprits se sont cachés derrière ces forces de la nature qu'ils savaient utiliser à bon escient.

Ces faits montrent que « *Quand les éléphants se battent, ce sont les herbes qui souffrent* ». On remarque que loin du dualisme philosophique, l'univers est concrètement divisé entre deux pôles de puissances antagonistes d'origine

[5] Idem

inconnue qui s'affrontent pour la domination du monde et que c'est l'homme qui en fait les frais. Alors, pour aller au bout de cet essai, demandons-nous d'où viennent les dieux et comment ils nous voient, nous, les humains. Les dieux disputent entre eux le leadership universel par des humains interposés. La guerre de Jéhovah, Dieu d'Israël et les dieux égyptiens a abouti à la destruction du Pharaon et de son armée dans la mer rouge. Nous ne sommes pas ici dans une fiction.

Lucrèce, un autre auteur classique, avec son livre *De la nature.* Là, c'est de la poésie scientifique. Voici ce que Lucrèce dit de l'objet de son poème :

Au surplus, prête à la véritable doctrine une oreille libre et un esprit sagace dégagé de tout autre souci ; ces présents que je t'ai préparés avec un soin fidèle, ne va pas avant d'en avoir appris la valeur les rejeter avec mépris. Car c'est un système qui pénètre l'essence même du ciel et des dieux que je me prépare à t'exposer ; je veux te révéler les principes des choses, te montrer où la nature puise les éléments dont elle crée, fait croitre et nourrit toute chose, où elle les ramène après la mort et la dissolution.

Pénétrer l'essence même du ciel, révéler les principes des choses et montrer la source des matières d'où la nature puise les matériaux de la création. Les philosophes athées évitent le mot Dieu et le remplace par nature. Une nature sans une conscience et indéfinie, peut-elle entreprendre une œuvre de création pour aboutir à l'abondance des vies complexes et différentes les unes des autres que nous connaissons aujourd'hui ?

Lucrèce conseille ici à ses lecteurs de scruter sa poésie dans un esprit sans préjugé aucun pour en tirer une conclusion neutre et honnête. Le monde est plein de théories contradictoires en perpétuels conflits et que chacun de leurs auteurs croient détenir la vérité par rapport aux autres. Pendant ce temps, vérité en deçà des Pyrénées est erreur au-delà. La poésie de Lucrèce renferme de grandes vérités scientifiques. En exemples : *Il n'y a pas de chaleur sans air.* Aujourd'hui c'est bien vérifié que l'air est le vecteur de la chaleur. Des électrons se fixeraient sur les atomes de l'air pour se répandre. Tout se ramène à la matière qui se diffuse dans le vide et que chaque corps se compose d'atomes insécables ; aujourd'hui on a disséqué l'atome en noyau et électrons. Nous raisonnons ici en termes d'hommes de *Lettres* et non en scientifiques. On lui doit la première théorie atomique.

Lucrèce a cherché à pénétrer l'essence des choses. La science moderne doit beaucoup à cet auteur.

Un autre auteur dont les œuvres retiennent notre attention, c'est Homère avec *l'Odyssée et l'Iliade*. Ces deux ouvrages exposent des faits similaires avec des acteurs semblables à ceux de *Les Métamorphoses* : Le dieu Zeus, et bien d'autres, des déesses : Athéna, Artémis... des Nymphes et des hommes dont Ulysse roi d'Ithaque et sa femme Pénélope et leur fils Télémaque. Des héros grecs dont beaucoup laisseraient leur vie dans la guerre de Troie.

Des faits humains : Dans la petite île d'Ithaque, Pénélope femme d'Ulysse et son fils Télémaque attendent ce dernier parti il y a vingt ans pour la guerre de Troie. Or, Ulysse malmené par les dieux et les intempéries errait sur les mers depuis son départ de Troie après la guerre. Il est retenu par la nymphe Calypso qui voulait faire de lui son mari. A cette époque, dieux et déesses goûtaient encore aux passions humaines, le pendant de ce que firent les anges avec les filles des hommes avant le déluge.

Nous sommes obligés d'évoquer Poésie et Sciences. La poésie éveille le sentiment du beau, elle vante la beauté des éléments de la nature à première vue sans s'interroger sur leurs composants cachés. La science dissèque ces mêmes éléments en leurs parties internes, les examine, les compare et cherche leur fonctionnalité et leurs interactions pour que l'homme soit à même de les reproduire ou les corriger.

La poésie satisfait les regards et éveille des sentiments ; la science apporte des solutions aux différents problèmes qui se posent.

Virgile nous intéresse maintenant avec son *Georgiques, Les Géorgiques* (*Les travaux de la terre)* sont la deuxième œuvre majeure de Virgile, écrite entre 37 et 30 av. J.-C. Ce long poème didactique de quelque 2 000 vers, qui s'inspire du poème d'Hésiode *Les Travaux et les Jours*, est une commande de son ami et protecteur Mécène, poème dédié à l'empereur romain Octavien.

Classiques POCHE qui est résumé comme suit :

«Ce qui fait la grandeur des Georgiques et leur éternel séduction, c'est justement cette idée poétique que l'on peut régler son imaginaire et son rapport au monde dans la contemplation des lois de la nature qui s'expriment par l'agriculture et sa productivité... ».

Ces lois de la nature naissent du mouvement des planètes qui engendrent des saisons qui guident les agriculteurs pour ce qui est du temps des semailles, des récoltes et de faire des transhumances quant à l'élevage.

Le livre I des *Géorgiques (P.virgili, Georgicon1)* commence ainsi :

Ce qui fait les grasses moissons, sous quelles constellations, Mécène, il convient de retourner la terre et les vignes aux ormeaux ; quelle sollicitude exigent les bœufs, quels soins l'élevage du petit bétail, quelle expériences les abeilles économes, voilà ce je vais me mettre à chanter.

L'agriculture, l'élevage de gros et de petits bétails et les soins respectifs à apporter pour favoriser la productivité sont les sujets de ce livre.

Virgile évoque les lois de la nature mais comme tout bon auteur « Ancien », il supplie la faveur des dieux Liber et Céres, dieu et déesse[6] de l'agriculture et de l'élevage. Ces auteurs anciens ont dit de bonnes choses, ils ont dit des vérités partielles ; les problèmes qu'ils ont tenté de résoudre demeurent toujours. Il faut continuer de chercher car « *Les meilleurs*

---

[6] Virgile, *Georgiques,* Ed. Les belles Lettres, Paris, 1998, p.2

ne sont pas encore nés », « The beautiful ones are not yet born[7] » pour trouver des solutions définitives s'il pourrait en avoir.

Les « Modernes » vont naître et c'est la mort des dieux. Ils voient derrière les phénomènes de la nature des lois qui agissent et non des dieux. Le tonnerre vient d'éléments à charges contraires qui se cognent pendant les orages et non de la colère de Zeus, dieu suprême du panthéon grec. Bien sûr, des esprits se cacheraient derrière ces phénomènes (foudre, tonnerre, ouragan, tremblement des terres, volcan), pour faire croire que c'est eux qui agissent et qu'il faut leur faire des sacrifices pour apaiser leur colère. C'est ainsi qu'l y eut conflits entre Anciens et Modernes. En réalité, les

---

[7] Ayi Kwe Armah, *Les meilleurs ne sont pas encore nés*, Heineman, London,

humains sont manipulés par les esprits qui se rendent maîtres des situations. Ils ont cette capacité d'utiliser ces forces de la nature à leurs avantages. Aujourd'hui, le dieu Zeus n'est plus adoré en Grèce mais les pluies et les tonnerres sévissent toujours.

Essayons de voir maintenant des faits plus vrais dont on dit inspirés par le Dieu suprême, celui de la bible des juifs dont les personnages sont Jéhovah (Yaweh), Jésus, les prophètes, le peuple juif et les peuples voisins.

Jésus considéré comme fils de Dieu ne peut prétendre égaler le Dieu suprême car il est une créature (Col 1 :15), les animaux et les hommes subissent le même sort et qu'il n'y a pas de supériorité de l'homme sur la bête par ce que eux et nous sommes faits des mêmes éléments (Ecc. 3 :19,2O) ; Jésus a eu un commencement alors que le Dieu Tout Puissant n'en a pas eu ; personne ne sait comment Dieu est venu à l'existence. Il ne peut aussi être Père et fils en même temps. Quand on parle du père et du fils, il y a bien deux personnes distinctes. En réalité, l'origine de la vie nous sera cachée à jamais. C'est de l'ineffable, de l'irrationnel. Notre intérêt maintenant, c'est que nous existons et qu'il est nécessaire de chercher les voies de survie car la vie et la mort sont des réalités qui nous sont inhérentes.

Des compositions ésotériques à la guerre des dieux

On parle de guerre des dieux car dans les temps anciens, chaque royaume avait ses dieux protecteurs. Contre qui ils protègent ? Contre les autres dieux.

Le premier à composer une théogonie fut le grec Hésiode, le deuxième grand poète grec après Homère qui au 8ème siècle parlait de la naissance des dieux et de l'origine de l'univers. Il a écrit *La hiérarchie des dieux* et *La journée du paysan.*

Chez les orientaux, nous avons reçu la *Bible* et le *Coran* qui nous exposent aussi des récits similaires. Faut-il voir dans ces récits qui parlent d'un Dieu tout puissant et d'autres êtres surnaturels qui ont créé l'univers et les êtres vivants dont les humains de purs fruits issus de l'imaginaire de quelques hommes de génie ou y voir des inspirations provenant d'un monde invisible et furtif qui cache bien des secrets ? Un livre de contes populaires ne suscite autant d'intérêts.

Notre époque trop scientifique et dubitative y pense tout en ignorant que la science a des limites. Toutes les maladies ne sont pas encore connues pour qu'on puisse penser à quelque panacée et les gens continuent de mourir.

L'histoire met à notre disposition des récits dans lesquels les humains ont été en contact avec des esprits. lia Sion, un mortel a eu des relations sexuelles avec Déméter, une déesse olympienne. Le dieu Zeus ayant su la chose et ne pouvant supporter une telle audace d'un mortel a foudroyé lia Sion. Des ingénieurs de ponts et chaussées connaissent des recettes pour maîtriser les fées et même en attraper pour pacifier un chantier menacé. Le pharaon Ramsès II en péril face à ses ennemis dans un combat avec les Hittites à Alep en Syrie fit cette prière à son dieu Amon :

« *Qu'est-ce donc mon père Amon ?*

Un père peut-il oublier son fils ?

Ai-je jamais rien fait pour toi ?

Dans tout ce que j'entreprenais,

J'agissais selon ta volonté…

Je fais appel à toi, mon père Amon,

je suis au milieu de mes ennemis,

ceux- là qui ne te connaissent point.

Toutes les nations se sont unies contre moi,

je suis tout seul, mes soldats m'ont abandonné

et aucun des soldats montés sur les chars de combat

ne s'est retourné pour s'inquiéter de moi… »

Alors le roi semble entendre la voix du dieu qui lui dit :

« *En avant, je suis avec toi, moi, ton père qui dispense la victoire…* ».

Ramsès sentit un courage renouvelé et sa situation changea. Il s'adresse à nouveau au dieu en ces termes :

« J'ai retrouvé mon cœur, il est gonflé de joie, ce que je veux faire s'accomplit… aucun de mes ennemis n'a osé lutter, leurs cœurs sont épuisés et leurs bras sont affaiblis. Je les laisse tomber à l'eau comme des crocodiles et je tue qui je veux parmi eux ».

Le roi de Babylone Nabuchodonosor, appuyé par Jéhovah va battre les Égyptiens dans les mêmes circonstances à Karkemish :

« Jéhovah des armés, le Dieu d'Israël a dit : Voici que je m'occupe d' Amon de No, de Pharaon et de l'Égypte, de ses rois, oui

de Pharaon et de tous ceux qui se confient en lui. Oui, je les livrerai en la main de Nabucadnedsar, roi de Babylone... ».

Un autre fait. En Israël, le culte du dieu cananéen Baal était entré en compétition avec celui de Jéhovah. Jézabel, femme du roi Akhab a institué le culte de Baal et tous les prophètes de Jéhovah ont été tués.

L'Unique prophète de Jéhovah, Dieu d'Israël contre quatre cents prêtres de Baal, Dieu cananéen avec quelle issue ? Il s'agissait à chacun de ces deux Dieux de prouver son existence en mettant du feu du ciel à son holocauste respectif préparé en son honneur devant tout Israël réuni à cet effet sur le mont Carmel. Les prêtres de Baal l'invoquèrent avant en lui demandant de mettre du feu à son offrande de vache.

Peine perdue, Baal ne leur a pas répondu ; Elie pria à son tour son Dieu Jéhovah. Celui-ci envoya un feu du ciel qui consuma tout son holocauste devant son peuple Israël. Les prêtres de Baal furent saisis et exécuté. C'est toujours la guerre des Dieux.

L'histoire montre aussi que c'est Babylone qui a vaincu et succédé à l'Egypte comme puissance mondiale de l'époque avec le roi Nabuchodonosor. C'est Jehovah le Dieu d'Israël qui a soutenu le roi de Babylone à vaincre l'Egypte.

C'est la deuxième victoire du dieu d'Israël sur Amon le dieu d'Égypte. La première a eu lieu en mer rouge plus tôt. La bataille de Karkemish entre les Babyloniens et les Egyptiens et la défaite de ces derniers montrent que le monde des esprits existe bel et bien et que les êtres qui y sont, sont en perpétuelle confrontation pour la domination du monde afin que le dieu vainqueur s'attire à lui la dévotion des humains. Ce ne sera pas sage de notre part de tout réfuter au nom du rationalisme. Aucune science ne peut expliquer comment une sensibilité consciente est venue à se former alors que tout était matière inanimée au départ. Comment la séparation des éléments s'est opérée pour former les différents tissus de nos organes ? S'il est raisonnable de croire à l'évolution des espèces, pourquoi ce processus ne continue pas aujourd'hui ?

Les cellules mêmes de notre corps ne sont pas inorganiques, elles sont organisées, chacune ayant une fonction bien définie. Dites-moi comment un hasard inconscient aurait pu produire tout cela.

Tout porte à croire que la vie a débuté dans le monde invisible dont le monde sensible n'est qu'un pâle reflet. L'apparition d'une conscience dans ce monde tient de l'irrationnel. Le schéma de l'homme comme celui de tous les êtres témoignent d'une intelligence extraordinaire. L'homme ne perd donc pas son temps en cherchant Dieu dont l'existence s'est fait sentir dans les contacts qu'il a eus avec ses dévots au cours de l'histoire. L'existence tiendrait de l'irrationnelle et qu'il n'y a personne pour nous démontrer l'origine de la vie avec exactitude. Seulement, l'existence de Dieu tient grâce à la création qui distille des traces d'une intelligence supérieure depuis l'existence des micro- organismes jusqu'aux êtres supérieurs.

Le paradis auquel nous aspirons, du moins pour ceux qui croient à la bible, sera ici sur la terre qui est la destinée d'être faits de terre. Le ciel est réservé aux esprits ayant un corps immatériel et rompu à toute épreuve, l'homme lui étant un organisme, c'est-à-dire fait d'organes dont le fonctionnement et le désordre créent des maladies qui lui sont fatales ne convient qu'à la terre. Des définitions non moins censées donnent quelques lumières sur l'homme :

L'âme c'est le corps plus l'esprit. Un homme est une âme vivante. Les bêtes, elles aussi sont des âmes[2]. Jéhovah est le nom de Dieu bien que l'orthographe et la prononciation exacte soient par superstition perdues au cours des siècles par faute d'usage.

Tout usage du sexe en dehors du mariage est un péché grave. L'usage des sexes est réglementé pour éviter les conflits entre les hommes. Sur ce point, nous tirons la leçon que le désordre sexuel est à l'origine de l'instabilité des familles et de la propagation des infections sexuellement transmissibles. L'autre conséquence, c'est les enfants monoparentales mal éduqués qui versent dans la délinquance et qui constituent une poudrière pour les pays.

Il n'y a qu'un seul vrai Dieu et qu'en conséquence, il ne doit avoir qu'une religion. L'apparition de nombreuses religions aujourd'hui est la conséquence de l'égoïsme de l'homme et des inspirations démoniaques ; l'homme, ne percevant qu'obscurément les réalités ne puisse que se laisser abuser par des démons.

Tous ces enseignements passent pour vrais à mes yeux, j'ai donc décidé de m'associer aux témoins pour que je puisse voir les choses de l'intérieur. J'ai vite remarqué que les membres de cette organisation s'efforçaient à vivre en accord avec leur foi et selon la volonté de Dieu et que ceux des leurs qui pèchent délibérément soient excommuniés du groupe pour conserver le caractère de sainteté de l'Église et protéger les autres membres de l'effet de vase communiquant du pécheur. L'homme, n'étant pas suffisamment clairvoyant pour décider de tout par lui-même c'est-à-dire son propre législateur et exécutant en même-temps, il faudrait qu'il soit guidé.

Nous voyons des humains humaniser les animaux. En Occident, on voit des chiens coucher des femmes ; des hommes qui couchent ou qui se marient avec d'autres hommes ; les femmes en font autant. Et certains gouvernements légalisent de pareils comportements au nom de la liberté. Chose répugnante.

J'ai aussi noté cependant que vivre dans la sainteté pour un humain n'était pas chose facile. L'homme est d'ailleurs soumis à un déterminisme implacable. Il manifeste des besoins qu'il faut obligatoirement satisfaire or certains de ces besoins doivent être règlementés. Fornication ou acte sexuel en dehors du mariage et adultère sont sévèrement sanctionnés pour celui qui s'y verse et qui s'y entête. Ces deux péchés plus répandus mettent vraiment à l'épreuve la chasteté du chrétien, disons du vrai chrétien car les autres considèrent ces pratiques non comme un délit.

Ce qui pousse l'homme à pécher, ce sont des besoins non-satisfaits et le manque de foi ; il ne suffit pas de supporter ces besoins mais de chercher à les satisfaire légalement et de croire que le Dieu que vous adoré vous contrôle. Les lois dont celles de Dieu dans la bible sont faites pour limiter les abus et permettre de meilleures relations entre les hommes. C'est celui qui respecte ces lois qui en tire les meilleurs partis pour lui-même et pour les autres d'où la nécessité pour l'homme d'adorer un dieu dont les lois sont contraignantes par rapport à celles des hommes qui sont trop laxistes.

Nous notons donc deux facteurs composites qui favorisent le péché : l'échec scolaire et professionnel, la pauvreté, la faim et le manque de foi dans la bible comme livre sacré. Ce sera difficile à une personne qui souffre de ces choses-ci de réussir sa vie religieuse.

Dans nos pays pauvres la plupart des parents ne lèguent pas à leurs enfants de fortunes pour leur permettre dans le prime abord de la vie une certaine stabilité afin de bien s'orienter et de se bâtir. La seule voie de réussite, c'est l'école qui éduque et instruit les jeunes gens. Tous les autres problèmes naissent de cet échec scolaire surtout dans nos pays pauvres. La pauvreté et la faim ne sont que des conséquences de ce problème bien que les diplômés soient en chômage dans les pays riches.

On ne peut s'adonner à une chose avec conviction tant qu'on n'a pas foi en cette chose. La bible est appelée Parole de Dieu. Celui qui n'a pas cette vision de la bible ne peut croire en ces paroles.

D'ailleurs pourquoi l'homme serait-il troublé moralement après avoir commis un acte inconvenant même celui qui n'a jamais lu un livre saint ? D'où les noirs africains ont eu leurs lois ? Ils condamnent le meurtre, le vol, l'adultère au même titre que les peuples évolués qui pratiquent un culte plus élaboré.

De tous les envoyés de Dieu prenons deux cas :

Mohammad a eu un père humain, Jésus n'en a pas eu, il a été ressuscité à sa mort, Mohammad non plus ; la Bible vient du Moyen-Orient et les occidentaux en ont fait leur après la destruction de Jérusalem et la déportation de tous les objets du culte des juifs à Rome et l'on interprétée à travers leur culture née de la philosophie gréco-romaine ; l'existence de Dieu et l'apparition de la vie étant irrationnels, on doit considérer la Bible par rapport à elle-même sans éruditions, c'est pourquoi il est conseillé de voir la parole de Dieu avec l'œil de l'enfant. Les évènements bibliques se fondent sur de solides preuves archéologiques. Les acteurs des scènes bibliques gisent dans des tombeaux bien identifiés aujourd'hui en Israël. Des monuments comme le Mur de Lamentation et les pyramides égyptiens auxquels les Israelites avaient participé à la construction sont autant de preuves de l'historicité de la Bible. Toute la raison humaine s'essouffle devant l'immensité de l'univers et les problèmes suscités par la présence de l'Homme sur la terre et dans sa lutte pour la survie. Nous voyons que la bible des juifs est plus crédible que ces classiques.

Nous avons noté dans l'épisode du prophète deux camps opposés dont l'un soutient le prophète et l'autre l'armée syrienne. De simples humains ne peuvent monter des chevaux de feu. On est ici en face d'une réalité qui dépasse l'entendement humain.

Finalement dans les deux camps il y a une part de vérité. Les dieux ont bel et bien existé. Deux mondes cohabitent alors. Le monde des esprits plus subtils dont personne n'a la capacité d'expliquer l'origine et celui des humains qui n'est qu'un pâle reflet du premier. Il semble que tout serait venu de ce monde spirituel. Il y a donc un Dieu suprême dont l'existence s'est concrétisée par les relations qu'il a eues avec des prophètes auxquels il a confié un certain nombre de missions. Alors, que cherchent les hommes ? La paix, la santé, le bonheur, les amours...

Comment atteindre ces valeurs qui font cruellement défaut dans l'existence de l'homme. On peut bien manger mais être malade. C'est l'affaire de la littérature, des sciences sociales et des sciences. C'est là où les recherches sont très poussées. Avec quels résultats ? Les anciens disaient que l'atome est insécable. Aujourd'hui, on a désintégré l'atome en noyau et électrons. On photographie l'intérieur du corps humain et on opère la cellule. Bactéries et virus responsables des maladies qui nous tuent sont démasqués. Jean Gouin résume tous ces progrès comme suit :

Que de progrès ont été réalisés par les hommes en un siècle ! Des automobiles et des trains rapides sillonnent le globe. Nous traversons l'espace en volant. Nous photographions l'intérieur de notre corps. Le télégraphe et le téléphone avec ou sans fil transmettent instantanément la pensée ou la parole et de même les images traversent l'espace. La lumière électrique supprime la nuit. Le phonographe enregistre la parole. De rapides machines à coudre, à tisser, à imprimer, réduisent l'effort humain. De terribles maladies comme la rage et le Croup ont été vaincues. Les hommes plus instruits n'admettent pas l'esclavage. Malheureusement, ils n'ont pas encore su s'affranchir de ce besoin de s'entretuer qu'on appelle la guerre[8].

S'affranchir de la guerre ? C'est un possible. Les victimes de la guerre sont des gens jeunes et en bonne santé. Ils ne sont ni vieux ni malades, or la disparition de ces dernières catégories de gens gêne le moins.

La guerre fauche la vie des gens qui ne devaient pas mourir en l'état, néanmoins, ils meurent à cause des orgueils politiques, du racisme et de la politique de l'espace vital.

Tous ces progrès évoqués ici sont le fruit des sciences et des techniques qu'on appelle aujourd'hui Technologie (Technê +Logos).

Ils auraient dû rester à l'amélioration de la vie qui est le but recherché.

---

[8] Jean Gouin, cité dans *Mamadou et Bineta sont devenus grands*, EDICEF p. 367

Pendant ce temps, sur le plan moral, l'homme n'a pas bougé d'un iota. L'auteur de cette citation déclare que l'homme ne s'est pas affranchi de la guerre qui est de la pure barbarie.

Un danger, et non des moindres, la destruction massive pourrait arriver par orgueil politique et racial. Le cas de l'Ukraine nous intéresse au plus haut point. Les agitations des européens pour intégrer ce pays au sein de l'Union européenne et de l'OTAN est la cause de cette guerre. L'Europe étant un continent maigre, il cherche à s'agrandir vers l'Est au détriment de la Russie qui a hérité de l'espace soviétique.

L'Occident a donc confondu la Russie à l'Irak et à la Lybie, deux pays en développement qui n'avaient pas encore des moyens militaires et qu'ils avaient anéanti aisément pour rire à belles dents. Les armes que ces deux pays avaient accumulées étaient démodées et obsolètes face à un Occident technologiquement très avancés qui remplace ses armes par générations. On parle d'avions de combats, des chars, des sous-marins, de missiles de cinquième ou sixième génération ; les pays qui achètent ces armes ne peuvent plus suivre ce rythme pour adapter leurs arsenaux au fur et à mesure aux situations nouvelles.

Les armes, il faut être capable de les produire soi-même tout en jetant un coup d'œil sur ce que produisent les autres. Nous remarquons que ce que l'Occident fait, il l'interdit aux autres. Qui a ordonné à l'OTAN de tuer KADAFI le guide libyen, personne ! Qui a demandé à Georges Bush de tuer SADAM, personne. L'OTAN tout comme BUSH fort de la puissance des pays qu'ils dirigeaient s'est comporté en gendarme du monde.

Dans le cas de l'Ukraine, l'Occident s'est trompé d'ennemi. La Russie est une hyperpuissance, membre permanent de l'ONU avec droit de veto dont l'arsenal nucléaire équivaut celui des Etats-Unis. Les savants russes sont à la Une des recherches militaires.

L'arme atomique n'est que pour la dissuasion. La Corée du Nord a développé cette arme en prévision de sa puissance. L'Iran est en train d'emboiter les pas des puissances nucléaires. Elles sont neuf aujourd'hui.

Celles-ci crient au scandale. L'Occident seul a le droit de posséder cette arme pour faire des interventionnismes dans les autres pays afin de mater d'autres dirigeants et changer des régimes dits dictatoriaux or c'est déjà de la dictature quand on intervient militairement chez les autres.

Tous les hommes au contraire doivent faire front unique contre la mort, l'ennemi le plus implacable qui soit et qui n'a de respect pour personne. L'on doit effectuer des coupes budgétaires sur les dépenses militaires afin de les injecter dans des recherches biologiques et médicales.

Sur ce point on a deux options : Religion et Science. Et là, c'est l'aspect utilitaire de la littérature qui nous intéresse maintenant. Religion et Science, deux valeurs les plus importantes sur lesquelles le genre humain peut compter.

La religion procède par interrogation des forces qui nous transcendent pour tenter de trouver les solutions aux problèmes de l'existence et devant des situations qui le dépassent. Hier comme aujourd'hui, les hommes ont toujours eu recours à des dieux d'où la multiplicité des religions.

Science et Religion sont en conflit depuis le sacrifice d'Iphigénie à Aulis en Grèce ancienne pour solliciter les dieux à envoyer du vent dans les voiles des bateaux de l'armée grecque afin d'embarquer en direction de Troie.

En ce temps, la philosophie portait encore le nom de science et le philosophe Epicure a assisté à ce sacrifice. Sur le champ, il s'est attaqué à la religion :

Alors qu'aux yeux de tous, l'humanité trainait sur terre une vie abject, écrasé sous le poids d'une religion dont le visage, se montrant du haut des régions célestes, menaçait les mortels de son aspect horrible, le premier ; un grec, un homme osa lever ses yeux mortels contre elle...Loin de l'arrêté, les fables divines, la foudre, les grondements menaçants du ciel ne firent qu'exciter davantage l'ardeur de son courage[9].

Le conflit était ouvert. L'aspect abject de la religion, c'est les sacrifices humains. C'est la hantise de la punition des dieux qui écrasait l'humanité à cette époque.

[9] Lucrèce, *De la nature*, Ed. Les belles lettres, Paris, 1959 p. 33

Néanmoins, la religion a quelque chose de positif. La moralisation d'un peuple n'est pas l'affaire de la science. C'est l'affaire de la religion et encore la bonne et non des religions dont les enseignements sont laxistes dont les dieux exigent du sacrifice humain et dont l'intérêt n'existe que dans le nombre de leurs ouailles pour les offrandes qu'ils font.

Devant, la science, les planètes et les astres considérés naguère comme dieux et déesse (dieu soleil et déesse lune) se sont écroulé : l'homme a marché sur la lune. Il s'agit là des religions sans fondement spirituel digne de Dieu comme celle des Juifs dont le Dieu a interdit le sacrifice humain et le culte des idoles.

L'homme sans Dieu est misérable selon Pascal. Il est donc sans guide et s'accule dans des comportements les plus dégradants et animaliers. Le vol, une sexualité débridée, la guerre, la méchanceté, la violence, tous ces comportements ne peuvent s'apaiser que par la religion.

Malheureusement, certains hommes, mêmes les plus doués, livrent une vision de Dieu et de la religion qui laisse à désirer. Pour EINSTEIN,

L'esprit scientifique, puissamment en sa méthode, n'existe pas sans la religiosité cosmique. Elle se distingue de la croyance des foules naïves qui envisage Dieu comme un être dont on espère la mansuétude et dont on redoute la punition[10].

En matière de religion, la vision réelle de Dieu, c'est ce qu'EINSTEIN réfute, il dit le contraire des choses, c'est bien un être ayant une sensibilité consciente dont personne ne connaît l'origine.

---

[10] Einstein, *Comment je vois le monde,* Ed. Flammarion, Paris, p. 19-20 ;

Une religiosité cosmique, une religion scientifique qui n'a rien à voir avec un Dieu personnel qui se présente comme le Dieu de l'univers.

EINSTEIN. Voilà une note de son éditeur sur lui:

Einstein admire la communauté intellectuelle du Judaïsme. Il donne des conférences et recueille de l'argent dès 1920 pour créer une université hébraïque. Mais il refuse la présidence de l'Etat d'Israël et rejette les politiques du sionisme.

Droit et Justice ont tenté d'agir dans ce sens pour ramener l'homme à l'ordre, ça n'a rien donné. Les hommes continuent de se tuer et dorénavant, la violence a pris une connotation, celle d'être considéré comme inhérente à l'homme et faisant partie de ces comportements naturels.

Ce n'est que la peur de sanctions divines qui condamne le meurtre qui peut atténuer la violence. Malheureusement, certains hommes, mêmes les plus éclairés donnent de versions diverses de Dieu.

L'homme étant religieux par nature, c'est à juste titre qu'il se tourne toujours vers un Dieu. La vie de l'homme ne peut s'écouler sans Dieu. Il lui suffit d'appliquer les lois que Dieu lui a données pour se tirer à bon compte. Pour le faire, il faudrait que l'existence de ce Dieu soit prouvée. Voyons comment les hommes ont balbutié au sujet de Dieu et de l'origine de l'univers :

Quand en haut le ciel n'avait encore été nommé, que la terre en bas n'avait pas été appelée d'un nom... » survint Apsou, esprit viril qui en s'unissant à Moummou Thiemat, matière féminine et amorphe, lui insuffla la vie[11] *;*

Il était une fois l'esprit enfermé dans le chaos de la matière, Noun ; Atoum parvint

---

11

à se dégager, devint Râ qui modela le chaos, par quoi le monde se trouva crée ; et Râ de tenter de dire comment lui-même est venu à l'existence *:*

Je vins à l'existence quand l'existence exista ; je vins à l'existence sous forme de l'existant, l'ogdoadé fut ma première forme, mon corps fut caché parmi ceux des anciens jusqu'à ce que son nombre soit au complet et ce nombre est un… Légende sumérienne)

Le dieu se contredit ici et tombe dans l'évolutionnisme. L'ogdoadé est un ensemble de huit éléments. Sous quelle force, elles se sont réunies pour produire un dieu ? Qui sont ces anciens parmi les corps desquels le sien fut caché ? Si un dieu se contredit quand il tente de définir sa naissance, c'est très difficile, voire impossible à un humain de définir l'origine de l'univers et de la vie. Le Dieu des hébreux, Yahvé, n'a jamais osé dire pareil chose.

Et les indoue :

L'œuf d'Or se leva au commencement.

Naquit le seul maître de tout ce qui existe.

Il fixa et soutint cette terre et ce ciel…

Chez tous les peuples anciens, vous trouverez des récits similaires. Les palmes reviennent cependant aux Hébreux :

Au commencement YAWEH créa les cieux et la terre[12].

Cette hésitation de l'histoire devant l'existence de l'homme et de l'univers est un témoignage en faveur de l'irrationalité de la vie. Seulement, notre penchant maintenant, c'est vers l'avenir et non vers le passé.

---

[12] Duchet Jean, *L'histoire du monde,* Ed. Flammarion, Paris 1958 p.11

Pour la bible, la vie éternelle viendra du Dieu suprême qui a introduit la loi de la mort dans nos cellules par le jugement sur Adam ; pour la science, l'homme par ses recherches peut l'atteindre.

Ce qui se cacherait derrière les vivants (hommes et bêtes), c'est qu'une sensibilité consciente qu'il faut pour produire une force de vie ne peut être animée que par une impulsion spirituelle d'où la croyance en un Dieu.

Les hommes hésitent devant cette réalité de la vie qui est partout et que personne ne maîtrise sinon qu'on n'allait pas mourir. Pour EINSTEIN, tous les évènements sont soumis à la loi de causes à effets. Des lois atemporelles qui ont existé et qui existent toujours sans autres soucis que leur éternité, c'est encore un autre ineffable.

Nous rappelons qu'un débat sur l'origine de la vie n'a aucun intérêt pour des êtres doués de raisons, mais qui sont assaillis de plusieurs maux dont la mort qui lui enlève le sommeil et le fait gémir aux nouvelles du décès de ses homologues qui préfigure la sienne prochaine.

Au cours de l'histoire de l'humanité, des hommes ont cherché à échapper à la mort, ils ont été toujours rattrapés par cette tragique réalité. Gilgamesh, un homme-dieu qui vivait à Ourouk, il y a quatre mille ans a fait lui aussi les frais de la mort. Les circonstances de sa naissance nous sont inconnues. Sinon, un texte cunéiforme datant de-668,-627 qui nous est parvenu de la vielle ville de Ninive parle de lui comme roi d'Ourouk. Seulement il fut un homme aux 2/3 dieu et 1/3 humain. Il fut une personne indésirable à cause de sa force surhumaine qui le plaçait au-dessus des autres, de la violence et de la rapine qu'il infligeait aux autres.

Les gens se plaignaient de lui aux dieux :

« *Son désir ne laisse pas une vierge à son amoureux, ni la fille du guerrier, ni la femme du noble*[13] ».

Les dieux firent son pendant entièrement humain Enki Dou mais avec la même force pour s'opposer à lui. Malheureusement, les deux personnes voyant que se battre ne leur rapporterait rien, devinrent amis.

Par la suite, Enki Dou va mourir comme tout mortel. Gilgamesh va s'enrager à la vue du cadavre de son ami. Il ira à la recherche de la vie éternelle et s'aventurer jusqu'en présence d'un certain Atou Napishtim, un survivant du déluge auquel les dieux ont accordé

---

[13] *L'humanité à la recherche de dieu*, Publication Témoins de Jéhovah, Ed. Watch Tower Bible and Tracts Society, Brooklyn, New York, p. 48

l'éternité pour un sacrifice qu'il leur a fait à la fin de la catastrophe. Il va lui demander de lui donner l'éternité. Celui-ci va lui donner une herbe qu'il devait planter dans sa concession pour en manger les feuilles au besoin.

Au retour, il veut prendre un bain et dépose l'herbe au bord de l'Euphrate. Un serpent aquatique sortit, prit l'herbe, l'avala et retourna dans l'eau.

Gilgamesh retourna tout malheureux mourir chez lui à Ourouk. Cet épisode de Gilgamesh montre que la vie éternelle est un possible auquel l'homme peut aspirer. Mais par la science ou par la religion ? Si Dieu existe, faisons lui confiance. Dans chaque être vivant, il existe une force de vie spirituelle. Ce domaine d'esprit n'est pas l'affaire de la science qui a pour l'exploration de la matière à l'aide de différents instruments de mesure et d'observation.

L'esprit est invisible et échappe à la curiosité scientifique de l'homme. Bien qu'on puisse voir les cellules et les atomes dans des microscopes électroniques à fort grossissement, on ne peut pas voir l'esprit qui est la force d'impulsion qui anime tous les organismes vivants.

Le problème de l'esprit ressemble à l'énigme de la profondeur infinie de l'espace dans lequel baignent tous les corps et que personne ne peut mesurer.

Nous les humains, nous percevons imparfaitement les choses. Il nous faut donc une personne qui ne soit pas d'origine humaine pour résoudre le problème de la vie et de la mort. C'est ainsi qu'une recherche qui s'avère sur une bête échoue sur l'homme. On a réussi à faire vivre la drosophile, une mouche deux fois sa vie mais pas l'homme.

La science ne vise que l'amélioration de la vie matérielle de l'homme pour lui assurer une longévité de quelques années mais ne pas lui donner l'éternité qui ne pourrait venir que d'une autre planète.

Ce raisonnement n'est nullement antiscientifique, cette science qui ne prétend pas être une panacée pour l'humanité malgré ses apports qui ont amélioré la vie de l'homme.

Et aujourd'hui, la géopolitique mondiale : l'O.T.A.N ou l'organisation du traité de l'Atlantique nord.

C'est une organisation militaire mise au point au lendemain de la seconde guerre mondiale avec l'objectif de gérer les affaires militaro-politique du monde. Aujourd'hui, cette organisation est vue comme un empire américain mené par les U.S.A avec des visées dominatrices pour empêcher l'émergence d'une autre puissance concurrente sur un autre continent.

Ce que l'Europe ne comprend pas, ce que dans cette organisation, ce sont les Etats Unis d'Amérique qui mènent le jeu tout en considérant les autres Etats membres comme des vassaux, car ceux-ci ne peuvent entreprendre une action grande ou petite sans leur aval alors qu'eux-mêmes peuvent le faire.

La guerre en Ukraine le montre bien. Les américains considèrent cette guerre comme la leur alors qu'ils sont à 7 000 Km de l'Europe qui ne fait que les suivre, car avoir une voix discordante avec eux est hasardeux.

Pourquoi cette volonté d'intégrer l'Ukraine coûte que coûte dans l'Union Européenne. Les Ukrainiens s'apparentent plutôt aux russes par la langue qu'aux Européens-Français, Allemands, Italiens, Portugais et autres…

S'il fallait qu'on prodigue un petit conseil, nous dirons à l'Europe, de ne pas beaucoup se fourvoyer dans l'alliance avec les U.S.A

C'est un pays animé par une folie de grandeur sans limite qui se voit capable de remporter la victoire dans tous les combats avec le reste du monde de sorte qu'être dans une alliance avec eux signifiera un alignement du faible derrière le fort pour chercher de la protection.

Nous voyons aussi qu'en cas d'une confrontation militaire entre la Grande Bretagne et la France, les Etats Unis ne feront que prendre le côté de la Grande Bretagne et que la destruction de la Russie signifiera la mainmise totale des anglo-saxons sur l'Europe. Cela s'est vu dans le cas de la vente des sous-marins français à l'Australie qui a été contrecarrée parce que l'Australie est britannique.

Les européens, avec la clairvoyance que nous leur reconnaissons, doivent chercher l'apaisement pour la fin de la guerre plutôt que de l'entretenir en continuant d'envoyer des armes à l'Ukraine tout en sachant qu'une victoire de ce pays sur la Russie est impossible. La situation ressemble à l'opposition d'un enfant de cinq ans à celui de dix ans et de dire au tout petit : Fais des efforts, fais des efforts, or le plus grand est en train de l'anéantir. Si l'Occident renonce à l'intégration de l'Ukraine, cette guerre cessera aussi vite.

Table des matières

Printed by Books on Demand GmbH, Norderstedt / Germany